나를 아끼는 가장 현명한 자세

조영란 시집

시인동네 시인선 097

조영란 시집

나를 아끼는 가장 현명한 자세

시인동네

비상을 모르면서 공중을 그리워했다.

질병처럼 무거웠지만

나는 있는 힘껏
혼자이고 싶었다.

2018년 8월
조영란

차례

제2부

제3부

제4부

제1부

그렇게 맨발로 저녁을 건너갔다

아플 거라는 걸 알면서 돌멩이를 걷어찼다. 햇살을 말아 쥔 돌멩이가 쑥부쟁이 지나 개망초 지나 살구나무 밑에 처박혀 가쁜 숨을 고르고 있었다. 돌멩이 대신 살구알이 비탈을 따라 굴러갔다. 몇 개의 전봇대를 지나갔을까. 살구는 먼지를 뒤집어쓴 민들레 꽃대에 부딪치고 나서야 멈췄다. 민들레 날개들이 쏟아져 나왔다. 돌멩이가 부화시킨 날개들이 오후 네 시의 고요를 넘어 멀리 성당을 향해 날아갔다. 아픈 발에 날개를 달아주고 싶었다. 속절없이 오후가 흘러가는 동안 서둘러 종소리를 타고 하늘로 스며드는 돌멩이, 그렇게 맨발로 저녁을 건너갔다.

내가 아픈 만큼 돌멩이도 아팠을까
얼마나 많은 언덕을 넘어야 상처가 날개가 될까
휘어진 길 위에 물끄러미
미안한 마음 눕혀놓고
또 눕혀놓고

13

그날 방바닥에 떨어진 먼지 한 움큼이 내겐 가장 진실했다

유통기한 지난 추억들이 쏟아져버린 편지함 앞에서
한참을 서성거렸다

차마 버리지 못한 편지들이 먼지와 함께 떨어져 내린다
쓸데없이 아름다웠던 한 시절이
먼지와 함께 방바닥에 나뒹군다
반쯤 뜯겨나간 수취인은 아직도 불명이다
마음속 우체국은 너무 멀다

먼지를 아껴야 할 때가 있다

오래된 먼지는 너무나 구체적이어서
함부로 건드리면 푸른 비밀이 드러난다
편지봉투의 입이 무거운 이유는 그 때문이다
깊이 닫아두었던 문장들이
손끝에서 눈을 뜬다

이 오래된 편지들을 어떻게 다 읽어야 할까

>

버리지 않는 한 스스로 저를 지우는 기억은 없다
추억은 잊을 수 없는 것이 아니라
잊지 않는 것이다

그날 방바닥에 떨어진 먼지 한 움큼이 내겐 가장 진실했다

잉어의 시간

죽은 잉어를 품은 연못은 투명한 무덤 같다

갈대가 서둘러 썩은 몸을 수습하고
벚나무는 꽃잎을 떨궈 수의를 해 입힌다
물결을 뒤집어쓴 잉어의 비늘은
좀처럼 젖지 않는다

죽은 잉어의 몸에 들어앉은 연못
지금은 슬픔을 양생(養生) 중이니 아무나 들어오지 마시오
고요히 차오르는 슬픔의 무늬가
물 밖
내 머릿속을 물들인다

얼마나 살을 발라야 다시 떠오를 수 있나

있는 힘껏 가라앉아
고통의 밑바닥에 몸을 맡기는 잉어

경외(敬畏)란 그런 것이다,
마지막 남은 살점까지 다 털어주고
홀로 입관(入棺)하는 것
그리하여 홀로 깊어지는 것

잉어의 시간은 지금부터다

지폐의 감정

지갑에서 신권 지폐를 꺼내다가 손가락을 베였는데
나는 왜 아프지 않았을까

자폐아의 머릿속처럼
고요하게 혹은 날카롭게
나도 진화하고 싶었던 것일까

손에서 손으로
호주머니에서 호주머니로
자세를 바꿔가며
지폐는 조금씩 헐기 시작한다

손을 탄다는 건
지폐와 지폐 사이에 꽃이 핀다는 것
빈틈없는 사람과 사람 사이에서
숨결을 나눈다는 것

온몸 구겨지며 살아가는 일과

온 마음으로 사랑하는 일이 다르지 않음을

지폐는 피 맛을 보며 낡아가고
피 맛을 아는 돈은 함부로 배신하지 않는다
지폐는 지폐를 베지 않는다*

---

*고영, 「심검(心劒)」에서 변용.

누군가로의 초대

깊은 우물 속에 띄워둔 누군가의 얼굴

빗방울처럼 뛰어가던 소녀의 목덜미에 앉은 나비는 왜 샐비어꽃을 모른 척 지나쳤을까요. 외로운 살구나무 때문일까요? 단물이 다 빠져 떨어진 살구는 오래전의 살구를 모르고, 나는 우물 속에 띄워둔 얼굴을 모른 채 우물가를 지나쳐왔지요.

등 뒤에서 누군가가 나지막이 부르는 소리

물이 물 밖을 기웃거릴 때 정작 빗방울을 쫓아간 것은 나였을까요? 어디선가 들은 듯한 그러나 들은 적 없는 빗소리, 그 공명에 내가 빌붙어 살아왔던 걸까요? 빗방울을 모르는 우물이 기억하는 건 잃어버린 시간일까요, 잃어버린 얼굴일까요?

혹시 내 마음 깊은 구석에서

나도 모르는 내가 소리치고 있는 걸까요? 열린 창으로 방문하는 햇빛, 그러나 차마 마음 줄 수 없어 혼자라는 말, 그 멀고 아찔한 높이에서 나는 얼마나 더 망설여야 할까요. 동그랗게 몸을 말고 속절없이 뛰어내리던 빗방울, 빗방울들……,

>

살구도, 빗방울도 아닌
우물 속에 띄워둔 누군가의 얼굴도 아닌 저 나비를
이제 초대해도 될까요?

구체적인, 너무나 구체적인

구부러진 젓가락이 자꾸만 무언가를 놓쳤다
떨어지는 사물들
소시지, 콩, 옥수수, 달걀······
식탁 밑에는 몹쓸 허기가
방울토마토 몇 개로 뒹굴곤 하였다
젓가락이 놓친 것들은 얼마나 구체적인가
너를 향한 내 안의 감정들도 저렇게 구체적이면 좋겠다
두려움은 늘 모호했다
한때의 격정들은 뜨거웠지만 감상이었고
미움도 환희도 관념에 불과했다
고통은 고통도 모르게 희미해졌다
언제나 쓸쓸을 길어 올리는
내 눈동자 속에 너는 보이지 않았다
축축한 안개만 가득할 뿐,
너는 그렇게 내 슬픔 속에 아득히 묻혀 있었던 것
초점을 잃은 눈동자들만 여기저기 굴러다녔다
나의 불행은
알아도 모르는 것이 미덕인 줄 알았다는 것

이제 나는 거추장스러운 젓가락을 집어던진다
젓가락이 놓친 것들을 손가락으로 하나하나 집어 올리듯
물끄러미 기억을 뻗어
기척 없는 너를 가늠해보리라
내가 놓친 너의 눈 코 입
구체적인, 너무나 구체적인

장대와 비 사이

장대와 비 사이에 서서 자작나무를 본다

흰 뼈만으로 한 생애를 이룬 자작나무 숲속
젖은 새 한 마리 보이지 않고
산자락을 끌고 내려가는 물소리만 가득 귓속에 고인다
바람을 달고 사는 잎사귀들의 아우성,
저 아우성 속으로 슬몃 발걸음을 옮기면
나도 흰 뼈의 생애를 가질 수 있을까

가까워서 오히려 멀어지는 빛이여

자작나무 위에 자작나무
장대비 위에 장대비
구름 위에 구름
하늘 위에 하늘

닿을 듯 가까이
꿈인 듯 아득히

>

눈앞의 저 흰빛을 걷어내면
영원을 볼 수 있을까
장대와 비 사이에 서서
젖은 손을 흔들면

가까워서 오히려 멀어지는 흰빛처럼

자작나무를 보고 있어도
나는 끝내 자작나무를 보지 못할 것이다

내가 가을을 건너가지 못하는 이유

가을 신호등을 보며 건널까 말까 망설이다가
오래전 제목만 붙여놓고 밀쳐둔
달팽이가 떠오르는 것이었다

횡단보도 앞에 보호색을 띤 달팽이들이 나를 스쳐간다
목줄에 끌려가는 달팽이
스쿠터 타고 가는 달팽이
커피 보자기 들고 가는 달팽이
유모차에 실려 가는 달팽이
농구공을 튕기며 날아가는 달팽이

저렇게 많은 달팽이 중에
내가 끌어다 쓸 상징이 없다는 데 이르러
나는 점멸한다

이미지만 남기고 가는 달팽이
달팽이는 빠르다, 아니 느리다
저만의 무늬로 상징이 되어가는 달팽이를

어떻게 옮겨야 할까

달팽이는 놓아주는 순간 더 가까이 온다!

이것은 비단 달팽이의 경우만은 아니라는 생각
기다림 끝에는 은유처럼 다음이 오고
가을 신호등이 다 건너갈 때까지
횡단보도 앞에서 나는 점멸 또 점멸하는데

오래전부터 상징이 되지 못한 달팽이는
끝내 돌아오지 않을 거란 불안감이
또 깜박,
나를 스치고 지나간다

셔틀콕의 외출

목련나무 가지 위에 걸려 있는 셔틀콕
한 마리 꽃처럼 앉아 있다

꽃을 잃어버린 목련나무에
또 꽃이 피었다

활짝 입을 벌린 꽃 속의 고요
절정을 꿈꾸던 날개가
허공 깊이 박혀 있다

목련 가지 위에
빗방울 잠시 잠깐 앉았다 가는 사이

속도를 잃어버린 셔틀콕이
콕, 콕,
단단한 하늘을 쫀다

침묵의 문을 부수고

오래 참아온 앙다문 입을 벌린다
꽁지를 간신히 세우고 접힌 날개를 들어 올리며
온힘을 다해 몸을 뒤집는다

남아 있던 마지막 깃털 하나가
투둑
바닥을 친다

멜랑콜리

미라의 품속에서
마른 장미가 발굴되었다

누구나 이런 절망 하나쯤은
품고 살아야 한다

모서리가 두고 간 또 다른 모서리일 뿐,

모나지 않게 살아야 한다—

구부정한 내 등은 엄마의 가르침에 늘 순종적이었다. 웅크리고 앉아 발톱을 깎는 버릇만이 온전히 내 것이었다. 동그랗게 몸을 말고 있는 나를 착하다고 여기던 사람들 때문에 나는 기지개를 켤 수 없었다. 켜서도 안 되었다. 조금 더 구부정했더라면 조금 더 착했을 텐데…… 각진 얼굴을 깎고 어깨의 근육을 깎고 뾰족한 목소리를 깎아냈다. 또 무엇을 더 깎아야 하나? 둥근 것은 참 슬프구나, 슬픈 마음은 늘 바닥을 굴러다녔다. 멈추고 싶었지만 멈추는 순간 그 어떠한 침묵도 또 다른 모서리가 될 것 같았다. 숨이 턱턱 막히는 어둠이 가슴까지 차오르던 밤 후렴처럼 튕겨져 나간 날 선 발톱들이 허공에 시퍼런 칼자국을 남겼다. 그때 나는 보았다. 내 속에 깊이 감춰져 있던 날카로운 칼날들을, 무수히 깎고 다듬었으나 무심코 길어지는…… 나는 기껏 모서리가 두고 간 또 다른 모서리일 뿐,

정답의 가능성

나는 오답에 관한 프로입니다
틀려가며 답을 찾아가는 과정입니다
프로는 언제나 오답을 지향합니다

절대라는 말에 반대하고 그럴 수 있다, 에 동의합니다
침묵을 비명으로
높이를 깊이로 이해합니다
희열과 기쁨, 비애와 슬픔을
슬픈 미소와 기쁜 슬픔으로 가늠합니다

정답은 너무 멀고 까탈스러워서
나는 그냥 오답과 조우합니다
오답은 유연합니다
출구 없는 미로를 기꺼이 헤맬 줄 압니다
한없이 헐렁하지만 솔직합니다
어딘가 비어 있는 것처럼 보여도 중심은 살아있습니다

정답이 진실의 오답임을 알게 되면

내가 진화할 수 있을까요?

서툰 눈동자가 가리키는 방향에 나는 반응합니다
정답과 멀어질수록 진실에 가까워집니다
가장 용기 있는 오류가 세상을 흔듭니다

그것 역시 정답은 아닙니다

동전에게 묻는다

그럴 수 있다
그럴 수 없다

호불호가 분명한 동전에게 중간이란 없다
찌그러질지언정 있는 힘껏 바닥을 치고
온몸으로 벽을 밀고 들어간다

진정 차갑거나 뜨거운
그것은 언제나 환상에 불과했다
두려움이 전부였던 무수한 밤과 낮이
신념과 체념 사이를 지나갔다

내 빛나던 은화의 눈동자는 어느 계절까지 굴러갈 것인가

모든 망설임은 무익하다
더 이상 굴러가지 않을 동전에게
구원의 길은 아득히 멀다

그러나 나의 세계는
비겁한 침묵의 모서리로 굴러가며
흔한 얼굴 하나 그려내지 못할 것이다

그럴 수 없다
그럴 수 있다

저 혼자 공중에서 오래 우는 이가 있다

불 꺼진 지 오래
누군가 나를 잊는다 해도 서러워 할 일은 아닌데
먼 데서 풍경이 운다

아슬아슬한 바람에게
담보도 없이 덜컥 주어버린 웃음이
허공에 눈물을 매달아놓은 것과 무관하지 않다고
기어이 풍경이 운다

침묵을 부르는 소리도 있다
절규란 그런 것,
전부였지만
전부를 걸 수 없어 혼자 흐느끼는 소리의 집
바람은 단지 지나갈 뿐인데
체온을 잃고
저 혼자 공중에서 오래 우는 이가 있다

기억할 처음이 없다는 건

기약할 다음도 없다는 것

돌아갈 수도 멈출 수도 없어
스스로 제 낡은 몸을 떨어뜨리는 눈물
녹슨 풍경에게
묻는다

왜 울었을까
왜 울었을까

방아쇠수지증후군[*]

이것은 어쩌면 아름다운 전쟁

유혹과 의혹 사이
지치지도 않는 비밀과 날마다 진화하는 거짓말
풍문 속을 배회하는 헛된 꿈

굶주린 욕망과의 전쟁
기억이 몸속에 제 몸을 감추듯
생은 너무 은밀하고
아득하게 떠오르지 않는 이름처럼
나는 나에게서 너무 멀리 있다

잊힌 혁명을 불러오듯 방아쇠를 당긴다
손가락이 다 닳아 없어질 때까지
파편처럼 가능한 멀리
등 돌리고 달아나는, 총알은 외롭다

---

*손가락 내부 굴곡 건 조직에 생긴 염증으로 손가락을 펼 때 방아쇠를 당기는 듯
저항감이 느껴져 방아쇠 수지라고 불린다.

제2부

사랑

〈추락의 위험이 있으니 조심하시오〉란 경고를

〈추락의 쾌감이 있으니 힘껏 올라가시오〉란 권유로

오독(誤讀)하고 싶을 때가 있다

냄비에 대한 반론

사랑이 아니어서 외롭고
사랑이어서 외로우므로 우리는 식을 수밖에 없다

끓어오르다 서둘러 저무는 본성 탓이 아니다
요람이자 무덤인 한 세계에서
한통속이 된다는 건 은밀하고 충분히 즐거운 일
너는 끓고 나도 들썩였지만 우리는 넘치지 못했다
우리가 태워버린 것은 서로의 슬픔,
눌어붙은 체념은 명치에 검은 지문을 남겼다

납득하기 어려운 이별은 어디에나 있다
가능과 불가능 사이
곁이었으나 곁이 될 수 없었던 결벽의 벽 앞에서
우리가 한 일은
가슴속 사나운 짐승 한 마리 달래어 집으로 돌려보낸 것*

뜨거움이 빠져나간 서늘한 절제와
기약할 약속이 없어 더 단단해지는 결속,

그게 우리의 사랑이다

슬픔으로 그을린 가슴 언저리에 불씨 한 점 살아난다
식는 건 쉽지만
다시 달아오르는 걸 막을 수는 없다
식은 만큼 뜨거워지고
멀어진 만큼 가까워지는 그것 또한 우리의 사랑이다

그러니 통속적인 하루처럼 자신을 사랑할 것
그래야 뜨겁게 식을 수 있으므로

---

*조정인, 「날개에 바치다」에서 변용.

저물지 않는 꽃

해질녘은 가만히 나를 들여다보는 시간

생각보다 일찍 온 저녁노을은
저물지 않는 꽃이었다
사소한 바람에도 날을 세우고
혼자 솟구쳐 오르다 가라앉는 불길이었다
물불을 뛰어넘는
저
격렬한
고요 속에서

불을 지핀 것은 나였다
시린 불 속에 뛰어들기 위해 오래도록 기다렸던 것
바람에 일렁이던 노을의 심장은
절망보다 뜨겁고 찬란했다
문을 열고 불의 길을 열어주고 싶었다
화르륵, 저녁 하늘에 꽃길을 내어주고 싶었다

저물다 말고 가만히 뒤돌아보는……

한껏 사그라지는 노을에 불을 놓는다
다 타도록 재가 될 수 없는,
한 번도 꺼진 적 없는 차가운 불이
활활 옮겨붙고 있다

저 노을을 진다고 해야 할까
핀다고 해야 할까

슬픔의 민낯이 두렵다

당신을 지우려다 말고 생각한다
무엇인가 남겨두어야 한다, 나는 슬픔의 민낯이 두렵다
고통은 얼마나 정직한 얼굴인가
거울은 내게 그걸 가르쳤다
당신 떠난 후
너무 오랫동안 햇빛을 차단하고 살았다,
다행히 아무도 내 외로움을 눈치채지 못했다
햇빛을 가리기 위해
그동안 얼마나 두꺼운 웃음이 필요했던가
아픈 기억이 자꾸만 나를 비추는 오후
거울을 들여다본다
미처 덜 씻긴 시간을 본다
후회를 묻혀 얼굴에 비빈다
거품처럼 후회는 후회를 낳았지만
아무리 씻어내도 속 깊이 박힌 당신은 떨어지지 않는다
그러나 지워지지 않고 그러나 지워야 하는 시간
누군가 저 냉정한 거울을 깨뜨렸으면 좋겠다
내 후회를 깨뜨렸으면 좋겠다

가만히 얼굴을 매만져본다
얼굴에 유일하게 남아 있는 잡티 같은 공황

나는 끝내 이별을 믿지 않을 것이다

시험지

급하게 펼쳐진 너를 차근차근 풀고 있었다
잊힌 과거를 캐듯 집요하게

뜻밖의 문제에도 당황하지 않았다
비밀을 갖고 있는 사람은 행복할 것 같았다

너는 태도를 바꿔가며
풀릴 듯 말 듯 나를 흔들고
나는 서툰 마음들을 하나하나 대입하여
무수한 오답들을 길어 올렸다

낯선 기호, 수없이 쏟아지던 의문부호들
어디에 있을까 내가 점자처럼 더듬어가던,
침묵에 갇힌 무거운 정답들

나는 풀리지 않을 것들만 골라 풀며 열심히 틀려갔고
너는 어떤 공식으로도 풀 수 없는 미래를 향해 건너갔다

>

공식을 많이 안다고 정답에 가까워지는 것은 아니었다

긴 한숨으로 답안지를 채웠다
두 번 다시 펼치지 않으리,
정답을 포기하려면 이별을 각오해야 한다

시험지 한 장 뒤집히는 소리에도
세상은 너무 쉽게 무너진다

이 바보야
사랑이 그렇게 호락호락 한 줄 아니?

새로운 시작종이 울리기 시작했다

내 귓속에는 더 이상 당신이 살지 않는다

전화를 끊고 마침내 나는 혼자가 되었다
기다리던 버스는 오지 않는다
천천히 핸드폰을 주머니에 찔러 넣는다
군데군데 떨어진 나뭇잎들은
새벽이면 어디론가 쓸려갈 것이다
가야 할 곳을 이미 지나쳐 왔으니
이제 어디로 가야 하나
추억이 덜 마른 은행잎들은 내 야윈 구두에 밟힐 것이다
어둠이 내려앉는다
얼마나 많은 사람들이 좁은 정거장에 머물다 떠났는지
당신은 알지 못한다
벨소리가 주머니 속을 달군다 나만 홀로 고요하다
그동안 무수한 알림 음이 도착했으므로
언제나 귀가 눈보다 빨랐으므로 핸드폰이여,
애써 내 지문을 담지 않아도 된다
끊어지면 그뿐, 어떤 벨소리가 당신인지 곧 알게 될 것을,
밤의 정거장은 황량하다
사랑을 이어주던 벨소리에 맞춰

나는 노래한다, 아무리 기다려도
내 정거장에는 바람 한 점 내리지 않는다고
버스는 정거장을 버렸노라고
내 귓속에는 더 이상 당신이 살지 않는다

가만히 내게 묻는다

아직 더 소진할 게 남았다는 듯
산막 아궁이에 고이는 저녁 어스름이 붉다
내가 나를 버리고 온 것처럼
미혹과 유혹 사이 홀로 두고 온 마음이
가만히 내게 묻는다

너는 누구?

깊고 푸른 그리움 속으로
연기는 흘러가고
하염없는 자작나무들 틈에 끼어 너무 오래 서 있었을까
젖은 뒤꿈치를 물며
시린 물소리가 내게 묻는다

여긴 어디?
너는 누구?

산문 너머 빗장 너머

웅숭깊은 밤
물푸레나무 가지 사이 산비둘기가 이울 무렵
지울수록 또렷해지는 너의 향기가
또 묻는다

너는 누구?

내려다보면 볼수록 멀어지는
산막 아래 마을
물끄러미
어둡다

저문다는 것

연못에 빠져 사방을 꽉 잠그고 있는 저 시계처럼
맥박을 건너뛸 수 있다면
너의 숨결을 느낄 수 있을까

침묵한다는 것은 스스로 저문다는 것

표정이 어두워지기 전에
결벽을 갖고 누군가를 기다리면 안 된다

너의 눈동자는 연못 속에 잠겨 있고
너의 입술은 이미 흘러가버린 물처럼 아득해

칸나는 무언가를 잊기 위해 꽃을 피우고
잉어는 잠기지 않기 위해 눈을 뜨고
낮달은 젖지 않기 위해 서둘러 지고

이별은 돌고 도는 것
약속은 지켜지지 않는 것

결심은 깨어지는 것
신념은 변하는 것

넘어서는 안 될 선에 발끝을 대듯
나도 모르는 나의 배후여
물가를 서성이는 내 그림자는
무표정한 너의 시간 속에서 점점 더 어두워지고

선풍기의 꿈

누가 저 하얀 심장을 켜놓았을까

스스로 멈추지 못하는 카렌의 빨간 구두*처럼
벗을 수도 끌 수도 없는 날개 달린 심장이
피 한 방울 없이 펄럭이고 있다

맥박이 뛸 때마다 격렬하게 뒤집히는 허공
먼지들의 집착은 집요하다
쉬지 않고 두근거리는 심장의 리듬을 따라
적막한 소음은 음률이 된다
빠져나가려 출렁거리는 거칠고 부드러운 호흡들
손댈 수 없을 만큼 필사적이다

미풍은 약풍으로
약풍은 강풍으로

질주는 하염없는 궤적을 남기며 속도를 견뎌야 하는 일

소요 속에 잠긴 고요 속에서
차갑게 달아오르는 불온한 숨결

몸을 비틀며 흩어지는 가뭇없는 날개들

---

*안데르센 동화.

나는 어떤 빛깔을 꿈꾸었을까

어디로 갈 거니, 네가 물었을 때

나는 모빌처럼 흔들리며 왜 자꾸 기침을 했을까

가로등 불빛이 바닥을 읽고 있는 보도(步道)

나는 지금 환절기야

너를 앓는 동안 계절을 몰랐지

헤어질 힘도 남아 있지 않아

물끄러미 어두워지며 너의 팔을 가늠해보던 저녁

굳은 몸을 비틀며

너는 어떤 빛깔의 또 다른 사랑을 꿈꾸었을까*

야윈 내 날개를 꺼내 먼지를 털어내는 동안

불어오고 불려가던 시간들

나는 그림자야 휘파람이야

휘휘 불며 너의 팔목에 매달려

또다시 나를 떨구려는 너에게

이제 나는 꽃이야

네 속을 열면 환하게 피어나는,

---

*기형도 「밤눈」.

거품 속으로

물이 물을 낳았어요
거품이 거품을 낳았어요
내가 나를 낳았어요

꽃이 꽃을 낳으면
사랑도 사랑을 낳을 수 있을까요
밤이 밤을 낳으면
상처도 별이 될 수 있을까요
그리움이 그리움을 낳으면
집착도 무늬를 가질 수 있을까요
흐느낌이 흐느낌을 낳으면
추억도 찬비처럼 쏟아질까요
마음이 마음을 낳으면
내 생애도 천국을 날 수 있을까요

바람이 적막을 낳으면, 적막이 풀씨를 낳으면, 풀씨가 연민
을 낳으면, 연민이 미소를 낳으면, 미소가 눈물을 낳으면, 눈
물이 새를 낳으면, 새가 노래를 낳으면, 노래가 미혹을 낳으

면, 미혹이 만월을 낳으면, 만월이 창문을 낳으면,

나는 당신 창으로 돌아갈 수 있을까요

내가 당신을 낳으면
이 눈물이 저 하늘에 닿을 수 있을까요

기분위생학

식탁과 숟가락 사이에 냅킨이 있다

그것은 벽,

서둘러 식탁을 닦는다
말라붙은 시간에서 더 말라붙은 시간으로
그러나 얼룩은 지워져도 얼룩에 대한 기억은 남는다

잠깐 스쳤을 뿐인데
남모르게 찍힌 지문 같은 비밀
지워질까, 오래전에 헤어진 애인의 얼굴처럼
굳은 표정의 얼룩들
냅킨의 낯빛은 점점 어두워진다

근원을 알 수 없는 냄새들이 손끝에 옮겨붙는다
맡아야 할 소문이 많아지면 털지 못한 감정도 뒤섞이는 법
누군가 어제 흘린 감정이
오늘의 기분 한쪽 모서리를 접는 데 성공한다

너와 나 사이에도 냅킨 같은 벽이 있다
그것은 쉽사리 쓰러지지 않는 결벽,

나는 너를 반쯤 닦았다
입들이 몰려오기 전에
나는 또다시 청정지역을 향해
드넓은 식탁 위를 걷고 또 걸어야 한다

전염

내가 하품을 했으니
너도 곧 하게 될 거야

어둠 속에서 네가 말했다

방이라는 커다란 입속에서
우리는 함께 하품을 했다

눈물을 나눠 가지고
입술을 나눠 가지고
우리를 나눠 가지고

네가 멈추고 싶다면 나도 멈출 수 있어……

만약이라는 가정 위에서
우리는 하나가 되기 위해
잠시 침묵했다

\>

눈물을 나눠 가지고
청춘을 나눠 가지고

우리는 그렇게 입술의 시간을 공유했다

농담

너는 불립문자다

불쑥 찾아오는 불청객
허공을 긋고 지나간 한 줄 금
흐린 오후의 여운

밤도 모르게
나는 어두워지리라

꽃 진 자리
더 이상 떨어뜨릴 꽃잎 하나 없는 빈손 위에
썼다
지운다

오지 마라
더는 오지 마라

제3부

나는 끝내 결박을 풀지 말았어야 했다

수족관 유리벽을 움켜쥔 문어
한 송이 꽃 같다

집착이란
한번 움켜쥐면 죽어도 놓지 않는 사랑 같은 것

그 끝은 궁금하지 않다
다만 아쉬울 뿐

거품조차 걷어내지 못하고
홀로 저물어 간 것
밖이 훤히 보이는데도
투명한 장벽을 넘어서지 못한 것

고통이 꽃으로 만개할 때까지
나는 끝내 결박을 풀지 말았어야 했다

오늘의 노래

바람이 불면 어떠하겠는가
기억을 지울 수만 있다면

비 오고 돌풍 부는 밤을 지나고도 너는 털끝 하나 사라지지 않았다. 벚나무 젖은 잎들은 부르르 몸을 떨고 하얀 꽃송이들은 바닥에 나뒹굴고 있었다. 나는 네가 떨구고 간 시간 속에 낮게 엎드려 잔바람이 지나가길 기다렸다. 떨리는 손으로 뭉개진 꽃잎들을 하나하나 다듬으며 무수한 추억들을 길어 올렸다. 슬픔이 들이닥쳤다. 햇살이 잔인하게 번져오자 고통은 빠르게 나를 관통했다. 잠 덜 깬 자동차들은 절그럭거리며 골목을 빠져나갔다. 나는 아무렇지 않은 듯 노래를 흥얼거렸다. 또 아침이 온다는 게 무서웠다. 이미 미치도록 환했지만 떨어진 벚꽃잎들은 질병처럼 무거워져 일어나지 못했다. 무엇으로 저 많은 기억들을 다 쓸어내겠는가. 나뭇가지 위에 직박구리는 가파르게 혼자 울었고, 그 울음만으로도 몹쓸 짓처럼 출렁이던 봄날이었다. 지나가 버린 그 어떤 구름도 다시 제자리로 돌아오지 않았다. 벚꽃도 구름도 처음부터 내 것이 아니었으므로 나는 순순히 이별을 받아들여야

했다.

눈물보다 더 가혹했던 노래,
그 떠들썩했던 적요의 아침을

공의 자세

숨을 고르고 있다
누군가를 기다리듯 조용하게
햇살과 바람이 뒤엉킨 축구경기장의 오후
흙먼지를 뒤집어쓴 채 끝끝내 닿지 못한 골문을 바라본다
뜨거운 함성을 들으며 달려가던 기억과
발끝에 채이던 아픈 과거를 떠올린다
쉬지 않고 지상을 헤매고 다녔지만
꿈은 언제나 패스,
욕망은 수비의 벽을 뚫지 못했다
골라인 밖으로 목숨처럼 튕겨져 나가던 땀과 눈물
온몸을 던졌으나
나의 골대는 너무 멀었다
무수한 헛발질에 온통 흠집투성이
결핍은 각오한 듯 무성해졌으나 그때까지도 나는
어느 계절로 몸을 굴려야 하는지
어떻게 해야 상처가 골로 이어지는지 알지 못했다
공중엔 무언가 긋고 간 희고 뚜렷한
한 줄기 실금

나는 흔들, 희망을 본다
꿈을 위해서라면 흠집이 문제겠는가?
모든 문은 뜨거운 가슴을 향해 열려 있는 법!
어디선가 시간을 재촉하는 호각 소리
나는 후끈 달아오른다
골문 안에는 아직도 피워내야 할 꽃들이 많다

오늘의 양파

얼굴을 뜯어내면 얼굴이 나왔다

손바닥 잔금은 근심처럼 늘어가고
의심은 손끝에서 무럭무럭 자라났다

표정을 들키게 되면 너는 웃을까, 울게 될까

기억이 날카롭게 찢겨나간 곳에서
눈물은 내용 없이 흐르고
치욕으로 뭉개진 추억은 무서우리만치 고요했다

누구일까
말간 눈으로 잘못을 되풀이하며 돌아오는 얼굴은?

모를수록 좋았다
깊숙이 배어 있는 더는 믿지 못할 진실
사각사각 씹히는 독한 슬픔 같은 것

전부를 보았으나 일부도 알지 못했던 계절

뿌리처럼 길어지는 생각들을 단호히 베어내며
이제는 내가 떠날 차례임을 알겠다

방 안 가득,
귀를 버리지 못한 소문만 오래오래 떠돌았다
이상하고
다정한

색종이

접을 것도
접지 못할 것도 없다

말없이 펼쳐지던 형형색색의 눈부신 기억들
무엇이 될지도 모르면서
수백 겹 마음속 어딘가에 박혀 있는 무늬 같은 것

우리는
우리를 완성해보지 못한 채 한 계절을 났다

싸늘하게 접을 수도
활짝 펼 수도 없이
망설이다 끝난
사랑의 주름은 골이 깊다

나는 접어야 할 기억을 고른다
기약 없는 약속과 오래된 결심들이
밀고 당기며 마중과 배웅을 반복하는 사이

나날이 색깔을 잃어가는 사랑이여

다 접어버리자!

접다 보면 마지막 선물처럼 날개가 돋을지 몰라
벌써 저만치 높이
안녕, 하며 새가 되어 날아갈지도 몰라

서늘한 이마 위로 어느 날,
그 어느 날 문득

황사

누군가의 가슴을 빠져나오지 못해
축구장 트랙을 백만 번째 돌고 있는 사내가 있네
벤치는 다리를 가지런히 모으고 지나가는 바람을 부르네
좀 앉았다 가요,
그러나 바람은 쉬어가는 법을 잊은 지 오래
사내가 받아들여야 할 운명은 방황하는 먼지들의 거친 숨결
앞선 이의 젖은 등을 바라보는 일
어느새 짓눌린 구두 굽은 한쪽으로 기울고 더러워졌네
부르튼 발뒤꿈치를 물고 가는 그림자
멀리 날아가는 축구공이 바람을 상대하네
슬픔은 궤도를 이탈하지 않네
그것만이 이곳의 유일한 질서였네
트랙의 안과 밖에 대해 생각하는 동안
수만 갈래로 흩어지는 고요
먼지 쌓인 사내의 발목에서 울부짖는 소리가 들리네
멈추고 싶어, 아니 지치고 싶어
버려야 할 것은 주문처럼 트랙을 달리는 끝없는 관성
계절은 자꾸만 어딘가로 가려 하네

없는 영원을 향해 가는 비틀린 얼굴
나는 사내의 발을 닦아주며 말해주고 싶었네
걷고 있는 한 세상 어디나 길 아닌 곳은 없다고
그러니 달릴 수 있을 때 궤도를 벗어나라고
그러나 슬픔은 포기하지 말라고
그 슬픔으로 백만 번은 아름다웠으므로

바늘에게

아무것도 아니다
그러니 이제 찢어진 곳을 보여다오
한 줄 질긴 인연의 실을 꿰어
숨소리를 죽이며 그대는 나를 향해 다가온다
벌어진 살 속에 실눈을 뜨고 엎드려 있는
고통은, 가혹한 송곳니
물어뜯긴 기억을 헤집는 불빛은
차마 눈뜨고 볼 수 없는 상처처럼 일어선다
꿰매기 위해서 찔러야 하는 모순이여!
찡그린 눈빛이 가리키는 방향으로
빠르게 몸을 비트는 그대
우연처럼 찢겨나간 기억들이 한 땀 한 땀 촘촘히 박힌다
아프다, 내 짧은 비명 소리가 그대
떨리는 귓속에 끼어들 때면
그대여, 불온했던 내 지난날의 뼈와 살을 꿰어
단단한 매듭을 지어다오
고단한 슬픔을 꿰매는 통증의 시간
나는 습관처럼 중얼거린다

상처는 아무는 것, 아문다고 믿는 것
천천히 아주 천천히 울음 끝이 다 닳도록
한때의 조악한 고통이 저물고
슬픔이 지쳐 흉터가 될 때까지

장마

너의 뒷모습을 본 적이 있다
담담하게
우산도 없이 빗속을 걷는 사람처럼

내 일이 아니다
모른 체, 하겠노라 결심했다

결심과 반복을 번복하는 사이

무덤덤했던 마음 안쪽이 젖고 있었다
비 맞는 사람에겐
우산을 씌워주는 것과, 같이 비에 젖는 것
어느 것이 더 따뜻할까

물을 수 없는 질문들을 늘어놓고서
없는 길을 따라 걸었다

점점 무거워지는 바짓단

축축한 기분
비가 오기 전으로 돌아갈 수는 없을까

슬픔 쪽으로만 뒤집히는 우산
시간을 돌이키기 위해서는 더 세찬 비바람과 맞서야 한다
접을 수도 펼 수도, 버릴 수도 없는
우울이 길어지고 있었다

아름다운 슬픔

냉탕 속에서도 식지 않는
잡념처럼 온몸에 물방울이 맺힌다
너는 너, 나는 나,
각각의 자세로 세월을 벗겨내고 있다
나는 어디로 가서 내 슬픔을 벗겨야 하나?
누군가는 젖은 손을 내밀며 악수를 청하고
불빛은 내 축축한 등을 말없이 닦아주기도 하지만
골 깊은 가슴 한가운데 뜨거운 폭풍만 인다
수천 개 물방울이 무겁게 터진다
열정으로 세운 꿈은 열정으로 무너지기도 하는 것
이제야 슬픔이 어디에서 불어오는지 알 것 같다
열탕과 냉탕 사이에서
심장이 왜 그렇게 비틀거렸는지 알 것 같다
몸에 달라붙은 거품을 천천히 씻어낸다
욕망과 절망이 동시에 떨어져 나간다
눈물 마르기 전, 김 서린 유리창 위에 나는
투명했던 꿈, 그 참담했던 기쁨을
아름다운 슬픔이라 쓴다

파랑주의보

종일 파랑을 타고 놀았다
구름과 함께였으므로 두렵지 않았다
불온한 바다의 무성한 소문들이 밀려오고 밀려갔다
갈매기들은 끊임없이 떠들썩한 불안을 물고 왔다
나의 숨결은 끊어질 듯 끊어질 듯 허공에 섞여들었다
주체할 수 없는 절정만을 떠올렸다
절정도 절망도 결국엔 한없이 떨어지는 꿈이었다는 것
내 등대는 너무 멀어 나를 비추지 못한다
바람은 또다시 내 등을 떠밀고
나는 끝내 닿을 수 없는 수평선을 향해 흘러가리라
솟구치고 떨어지던 시간 속에서
한 뼘 물결에도 온몸 출렁이며
종일 파랑을 타고 놀았다

비상등 속 남자*를 따라갔다

화재경보 울리던 밤
비상등 속 남자를 따라갔다
적막을 깬 건 경보였지만 나를 움직인 건 목마름이었다
검은 연기 자욱한 어두운 입구
나를 질질 끌고 올라온 계단은
매캐한 숨결로 번들거렸다
얼마나 빠른 속도로 사람들이 나를 앞질러 갔는지
주위에는 아무도 없었다
공포를 견디다 못한 울음이 튀어 나왔다
침묵은 나에게 어울리지 않았다
말 한마디 건네본 적 없는 비상등 속 남자가
갑자기 뒤를 돌아보았다
멈칫했다, 먼지를 뒤집어쓴 난간이 흔들렸다
우수수 먼지가 떨어졌다
떨어지지 않은 것은 떨어진 것뿐
나는 겁에 질려 중얼거렸다
그는 비상등에 갇힌 사람
탈옥할 수 없는 감옥에서 맨발로 직진 중인 사람

더 이상 저 남자를 믿지 못한다
의심 많은 바닥에 물끄러미 불안을 세워두고
올라가야 할 계단을 세어보았다
표정 없이 길게 발을 뻗은 비상등 속 남자를
믿으면서 혹은 의심하면서
그 가파른 절벽을 벗어나기가 끝내 나는 두려웠다

---

*김승일 「비상등에 그려진 사내」에서 차용.

여권

나는 만료되었다

살아보지 않은 얼굴이 살아본 얼굴을 밀어내고
다시 살아가는 세계에서
나의 국적은 어느 쪽이었을까
출입국 도장들이 걸어 나오고 나는
통째로 갱신해야 할 유효기간처럼 남겨져
하나의 역사를 이룬다

나를 뜯어내고
나를 뜯어내고
나를 뜯어내고

접힌 어둠을 펼치고 잊힌 과거를 불러오는 밤
잡티처럼 지워지며
조금씩 모서리를 잃어가는 얼굴이여
예리하게 뜯겨나간 시간이
먼지를 일으키며 사라지자

비로소 구멍처럼 뚫리는 세계

조금은 낯설고
조금은 쓸쓸한

얼굴은 얼굴을 알아보지 못하고

염장

여기, 죽어도 죽지 못하는 고등어가 있어

부릅뜬 눈
방황하는 지느러미
더는 나아가지 못하는 꼬리

내밀한 욕망을 가득 품고서

저 시퍼런 입에게
썩지 않는 화엄을 가르쳐주고 싶어

화악, 바다를 끼얹을 생각이야
단단한 침묵을 가르고
펄떡이던 기억을 하나하나 손질해줄 거야

슬픔이 밀려오고 밀려갈 때마다
비린 갈망은 목적도 없이 떨어지겠지
삶도 완전한 죽음도 아닌

끝없는 기다림이 스며들 거야
온몸이 구석구석 눈물로 절여질 테지

절여진다는 것은 곧 탐욕의 물기가 빠진다는 것

숨죽인 비명처럼 고요한 방부의 시간

밀폐된 유리관 속에서
고통을 숨긴 공포,
충혈된 눈동자가 나를 쳐다보고 있어
펄펄 뛰는 날것처럼

당신도 나처럼

한 시절 누군가의 열정
심장을 사르던 뜨거운 불꽃이 지고

가만가만 바람이 분다

연기가 흔들릴 때마다 허공에 지그재그로 새겨지는 말

영원은 없다!
촛불은 타올랐을 뿐
오직 타올랐을 뿐,

다만 간절한 손짓이었으니
침묵처럼 가라앉은 어둠을 가르는 길이었으니

영영 눈뜰 수 없는 밤처럼 길고 아득했으면

제4부

나를 아끼는 가장 현명한 자세

간호사가 묻는다. 어떤 걸로 하시겠어요? 적당한 것으로 해 주세요, 주저 없이 대답하고 혼자 피식 웃는다. 링거 바늘이 긴장한 혈관을 사정없이 들쑤신다. 몸속에 스미는 농도만큼 나는 여한 없이 눈감은 환자처럼 편안하다.

중간을 고르는 것은 나의 오래된 습관이었다. 누구보다 앞 서지도 뒤서지도 않는 지점, 모나지 않게 사는 것이 미덕이 고 삶의 유연성이며 품격이라 믿었다. 좋다 나쁘다 대신 보 통이다, 에 동그라미 치면서 어떠한 적도 만들지 않았다. 그 렇게 나는 안심했던가. 큰소리 쳐놓고 괄호 열고 아니면 말 고 하며 괄호 속 어딘가에 몸을 숨겼었다. 그것이 중심 잡는 법이라고 스스로 우기면서 너무도 쉽게 나를 용서했었다.

링거를 꽂은 채 변기에 앉는다. 몸속에서 끊어지지 않고 떨어지는 지겨운 오줌발…… 나는 기억한다, 스멀스멀 기어 올라오던 미지근한 저 혐의의 냄새를. 그때 링거 바늘이 꽂 혀 있던 팔뚝에서 피의 역류(逆流)가 시작되었다. 아뿔싸! 링 거 줄이 꼬였다. 生의 역린(逆鱗)은 늘 예기치 않게 온다.

깃발

혁명을 위해서라면 깃발이 필요할 거야
나보다 먼저 길을 나선 사람들이 대열을 이끌 때
누군가 내게 속삭이던 말
이제 곧 아름다운 비극이 시작될 거야
그 뜨겁고 결연한 목청에 홀려
나는 그만 아는 길을 놓쳤지
펄럭이는 깃발에 기대어
불볕더위를 견디며
가슴골을 타고 흘러내리는 눈물을 건넜지
관심 받지 못하는 욕망을 팔기 위해
나는 능숙한 불법체류자처럼 낯선 기쁨 속을 걸었지
나보다 먼저 길을 나선 사람들과 스크럼 짜며
지칠 줄 모르고 바리게이트 그 너머를 상상했지
어떤 이는 조금 더 튼튼한 결핍이 필요하다고 했지
그러나 내가 가진 것 두려움뿐이었으므로
누가 나를 펼쳐 흔들 것인가
거리 가득 바람은 사납게 허공을 찢으며
미래를 향해 달려갔지만

아무리 급해도 내일은 내일 온다고 했지
손아귀에서 몸부림치는 작은 깃발,
나보다 먼저 길을 나선 사람들과 노래하며
이제는 내가 찢어질 차례였지

안경알을 잃어버리고

흐릿한 세상 속 낯선 거미들이 지나간다
글자가 다 닳도록 더듬고 또 더듬어 거미줄을 끼워 맞춘다

자음에 걸린 모음이 엎어진다
열람실 창가로 우두커니 불려나오던 이름들과
열정과 정열 사이 그 아슬아슬한 경계에 대해
초라한 나의 눈은 낯익은 기호 하나 낚아채지 못한다

자신의 비밀스런 이름을 말하는 사람에게는 영혼이 없다*

행간을 떠도는 영혼들을 호명하며
나는 책갈피 사이에 끼어 있는 사람들의 눈치를 본다
서고에 꽂힌 사서의 눈빛이 빠르게 지나간다

어디에도 내려앉지 못하고
검불처럼 부유하는 생각들
아무리 뒤져도 쉽사리 잡히지 않는
행과 행 사이가 너무 멀다

담담히 접혀 있는 햇살의 모서리를 편다
흐려진 눈동자 속에 수북이 쌓이는 근시안의 문장들
적당히 멀어진 페이지 위에서
오히려 환하게 만져지던 내 가벼운 영혼들

안경알을 잃어버리고
나는 비로소 도서관의 침묵을 이해할 수 있게 되었다

---

*파스칼 키냐르 「은밀한 생」에서.

고래의 귀환

향유고래 한 마리가 만삭인 채로 입항하고 있다
깊고 깊은 뱃속,
그 푸르른 등뼈 아래
눈부신 여명(黎明)의 심장 박동 소리가 들린다

사는 동안,
내게도 저런 포만이 있었나?
어둡고 막막한 뱃속에서 아껴 쉬었던 숨결
포기할 수 없는 생의 음파
한 호흡을 채우기 위해
날카로운 허기로
얼마나 많은 것들을 집어삼켜야 했던가

출렁이는 무덤 속에서의 잠행(潛行)
높은 파도 위에서
신생의 지느러미로 먼 바다를 향해 나아가기도 했다
가끔 외로움에
방향타를 놓치기도 하면서

내가 건져 올리고 싶던 모든 것들
헛된 욕망들까지 비워내고 나서야
비로소 차오르는 生의 포만

만삭의 몸을 밀고 들어오는 고래가
새벽 항구를 깨우고 있다

생클루의 밤*

잡념은 집념처럼 쉽사리 물러서지 않았다
깊은 밤 한가운데 불안이 들끓고
달은 기척 없이 슬픔 쪽으로 기울었다
나는 창가에 앉아 불가능한 바다를 뒤척였다
긴 기다림으로 어둠을 뒤지면
바다 위에 떠 있는 불빛 하나 찾을 수 있으리라
그러나 언제나 봐야 할 것은 눈앞에 없다
내 안에 정박된 고요를 풀어
푸른 밤을 건너가면 불빛을 만날 수 있을까
창백한 창문이 모서리부터 젖기 시작했다
너도 출렁이는구나
눈물은 흘러넘쳐 물결을 이루었다
잠들지 못하는 파도,
밤새워 파도치는 공명의 방에서
나는 분명 깨어 있었는데 아무것도 볼 수 없었다
어둠은 언제나 나를 겸손하게 만들었다
죄다 놓아주마!
가라앉을 듯 가라앉을 듯 몽롱한 눈을 감았다

그제야 비로소 물살을 가르며 다가오던 환희의

불빛, 불빛, 불빛

―――――――――

＊에드바르 뭉크.

벽지의 사랑법

벽지가 벽을 만나 한 몸을 이룰 때 벽지는 벽으로 치환된다
그것을 우리는 도배라고 부른다

벽지는 다양한 무늬와 색깔을 갖고 있지만
크기와 모양은 벽이 결정한다
묵묵히 저를 내려놓고
오려지고 잘려도 온몸으로 벽을 감싸 안으며
오염된 세상을 혼자 감당한다

벽과 벽지 사이에 들어앉은 초배지는
둘을 이어주는 암묵적인 약속이다
아무리 흔들어도 한 점 흐트러지지 않는
결벽의 면벽 앞에 풀의 집착은 필요악이다
풀을 품은 벽지는 집착의 힘으로 외로움을 견딘다
그래서 벽지의 사랑은,
속없이 무모하고 끝없이 눈물겹다

벽지는 서두르지 않는다, 껍데기여도 좋다

벽과 하나가 될 때까지
들뜨지 않고 홀로 깊어지는 법을 안다
누군가 억지로 떼어놓지 않는 한
질리도록 퇴색되어도 벽을 향한 마음을 접지 않는다
결코 스스로 물러서지 않는 끈질긴 접착
그래서 벽지의 사랑은,
말없이 강하고 겁 없이 아름답다

이쑤시개 사용법

봐,
말들이 돋아나고 있어
입김으로 빚은 말의 씨앗
헛바닥에 촘촘히 뿌리를 박고 서 있던
그 작은 씨앗들이
어느새 칼처럼 빛나는 갈기를 흔들고 있어

입속에 달라붙은 겹겹의 잡음들과
우물거리는 혼잣말 찌꺼기들
아무리 헹구어내도 떨어지지 않는 생의 군살들

상징이란 그런 것
맥락도 없이 말 사이에 낀 어둠을 쑤셔
두껍게 쌓여 있는 녹슨 관념들을 긁어낼 거야

상처의 피로 혁명은 선명해질 테지
사족을 뜯어내고 윤곽이 또렷해진 입술을 실룩거리며
캄캄한 동굴 속에

새로운 숨결을 들여놓을 거야
은유는 태어나고 어둠은 빛이 되겠지

그때 나는 비로소 활짝 웃을 거야
미소에서 갓 태어난
빗방울처럼

오래된 어머니

무엇을 덜어내고 텅 빈 우물이 되었을까
모가지 길게 늘여 들여다보던
돌벽 사이사이 마른 이끼만 무성하다
오래전 말라버린 먼지들의 아우성
그 공명에 출렁이던 기억마저 잃어버렸다
곱씹던 내 후회를 던져 넣고
없는 자존심까지 구겨 넣어도 대답이 없다
어떻게 해야 당신이 다시 차오를까
고요한 침묵을 여는 힘
깊이를 알 수 없이 자라나는 슬픔의 힘으로
밑바닥에 말라붙은 추억을 퍼 올린다
비워질 걸 알면서도 다시 채워주는 사랑처럼
두레박 가득 철철 넘치는 물
철없이 아무 생각 없이 마셔버린 적 있다
한없이 퍼주고도 모자라
마지막 남은 고혈까지 다 짜내고
스스로 사막이 되어버린 무른 가슴
당신의 심장이 저 우물에 빠져 있다

사라진 시

버스정류장에 앉아
가까스로
당신 얼굴 끌어다 놓으려는데
머리 위로 말벌 한 마리 날아들어
그만 놓치고 말았다
아우성아우성 더듬었지만
작은 단서조차 찾지 못하고
사거리 현수막 문구만 눈에 들어왔다
—목격자를 찾습니다
버스가 도착하자 몰려드는 학생들
그 틈에 끼어 올라타 정신 차리고 보니
아,
버스정류장에 두고 온
가물가물
시 한 줄

버려진 배낭

공원 벤치 위에 짐승 하나 쓰러져 있다
아직 더 채워야 할 것이 있다는 듯
그 좁은 입으로 얼마나 많은 실의가 드나들었을까
뱃속은 늘 어둠의 차지
해는 저물고 기력은 떨어져
먼지를 뒤집어쓴 짐승은 더 이상 뒤척이지 않는다
어깨는 어디로 갔을까
가로등 불빛 반짝 눈을 떠도 보이지 않는다
떠난 어깨를 욕할 수 없다
속 깊이 감춰둔 몇 권의 두꺼운 생각들과 실패로 맛본
한 무더기의 슬픔에 몹시 짓눌렸을 것이다
아무도 모른다, 짐을 내려놓고 간 어깨가
자기 삶까지 두고 간 것을, 내려놓은 짐보다
훨씬 더 무거운 마음을 지고 갔으리란 것을,
밤의 공원, 조용히 던져진 침묵 위에 어둠이 내려앉는다
가랑잎 떨어지는 소리라도 붙잡고 싶었을 테지만
너무 몸이 무거웠으리 벚나무 그림자로 가득 찬 세상,
그 한복판을 가로지르며 서늘한 바람이 지나간다

꽉 깨문 각오처럼 밤공기가 딱딱하다
분명 어느 한때 날카롭게 드러냈을 이빨
그러나 흔한 공기조차 씹지 못하고
구깃구깃 삼켜 넣은 바람을
습관처럼 우물거리고 있는 저, 야생

경우의 수

마다가스카르에서 첫사랑을 만날 수 있는 경우의 수를 생각한다
장대비를 맞고도 옷이 젖지 않을 경우의 수
뿌리 깊은 나무가 가을을 타는 경우의 수

사울이 바울이 되고
지킬이 하이드가 되고
탕녀가 성녀가 되고
최악이 최선이 되고
열정이 절정이 되고
당신이 내가 되고 내가 풍경이 되고
당신과 내가 불가능이 되고

경우에 나를 더하고
나에게 경우를 곱해본다

말이 씨가 되고
울음이 거름이 되고

고백을 받다 고백을 하게 되고
마음이 몸이 되는 경우의 수

나를 소진하고 소진해도 여전히 남아도는 경우의 수
내 안에 잠재한 가능성을 다 탕진하고도
여전히 만약으로 남는다면

가능을 능가하는 모든 경우의,
이런 경우 없는, 경우의 수를 생각한다

옷걸이

옷이 흘러내렸다
당황할 것 없다 옷이란 이따금 벗겨지곤 하는 것이니
나는 이내 앙상한 뼈만 남았다는 걸 깨닫는다
단추처럼 반짝이는 각오도, 펄럭이던 한때도,
짧은 한숨 같은 몇 개의 보풀도 모두 흘러내렸는데
아무렇지 않은 척 내가 견딜 수 있을까
할 수만 있다면 바닥에 엎어진
남루한 외투 속으로 들어가고 싶다
햇빛은 가늠할 수 없는 넓이로 나를 감싼다
그러나 따뜻한 햇살로도 내 누추한 몸 가리지 못한다
얼마나 오래 공중을 부유해야
투명한 날개에 내생을 입힐 것인가
더 이상 기다릴 수 없다, 바람을 믿을 수도 없다
어딘가에 있을 결핍을 찾아야 한다
감춰둔 마음 펼쳐 슬픔을 곱게 마름질하고
그 위로 두꺼운 추억을 덧대어 꿰맬 것이다
세상에서 단 하나뿐인 옷,
모양도 색깔도 따지지 않는 꿈의 공중정원

오랜 기다림이었고
오랜 희망이었고
더 깊고 짙은 쪽을 향해
목숨처럼 피어나는 격정이었던,

기념사진

퍼즐을 들여다보던 엄마가 무작정 화부터 낸다. 조각조각 잘려진 자식들 얼굴이 영문도 모른 채 꾸지람을 듣는다. 엄마의 호통에 사방으로 흩어진 자식들이 퍼즐 위로 하나 둘 불려나온다. 쭈뼛쭈뼛 숫기 없는 큰언니가 머뭇거리는 사이 눈치 빠른 오빠가 비뚤어진 모자를 서둘러 고쳐 쓴다. 냉이 꽃 같은 둘째 언니는 가늘게 휘청거리며 걸어오고 그 뒤로 그림자가 따라 붙는다. 슬쩍 비껴서는 화분들, 겁 많은 나와 셋째 언니는 슬그머니 아버지의 헐렁한 팔짱을 끼고 선다. 목줄을 끌고 어슬렁거리던 누렁이도 한자리 깔고 눕는다. 움찔하는 풀잎들, 개 줄에 아버지의 엷은 웃음이 걸린다. 퍼즐은 그렇게 엄마의 침침한 손끝에서 하나씩 아물어간다.

엄마가 퍼즐을 맞추는 동안 퍼즐은 엄마를 맞춘다.

퍼즐 같은 비가 내리고
퍼즐 같은 바람이 불고
퍼즐 같은 눈물은 고이고

맨발로 찍은 시간의 지문(指紋)

강경희(문학평론가)

저물면서 생성하는 사랑

몸이 머문 자리에는 자국이 남는다. 마음이 머문 자리에는 기억이 남는다. 존재의 시간이 머문 모든 자리엔 생의 주름이 남는다. 머문 흔적은 지우고 싶어도 지워지지 않고, 고치고 싶어도 쉽게 바뀌지 않는다. 그래서 부끄럽고 안쓰럽다. 슬프고 아름답다. 지나온 모든 것이 빛인 세계가 있다면 그 것은 환몽이나 동화일 것이다. 현실의 자리엔 사랑과 고통, 연민과 상처, 꿈과 절망의 무늬가 더 깊다. 조영란은 시간에 언어의 숨결을 불어넣고, 눈물이자 보석인 기억에 날개를 달아주고자 한다. 조영란의 첫 시집 『나를 아끼는 가장 현명한 자세』는 오랜 시간의 들숨과 날숨이 교차하는 말의 지문(指

117

紋)들로 가득하다.

　시인은 경험주의자에 가깝다. 그의 언어는 공상과 상상, 환상과 환영보다는 몸의 구체성을 신뢰한다. 아프고 패일지라도 생살로 부딪치는 현실을 수용한다. 비록 "찌그러질지언정 있는 힘껏 바닥을 치고/온몸으로 벽을 밀고"(「동전에게 묻는다」) 나가는 것이 세상을 향한 그의 발성법이다. "사람과 사람 사이에서/숨결을 나눈다는 것"은 결국 "온몸 구겨지며 살아가는 일"이자 "온 마음으로 사랑하는 일"(「지폐의 감정」)이기 때문이다.

　아플 거라는 걸 알면서 돌멩이를 걷어찼다. 햇살을 말아 쥔 돌멩이가 쑥부쟁이 지나 개망초 지나 살구나무 밑에 처박혀 가쁜 숨을 고르고 있었다. 돌멩이 대신 살구알이 비탈을 따라 굴러갔다. 몇 개의 전봇대를 지나갔을까. 살구는 먼지를 뒤집어쓴 민들레 꽃대에 부딪치고 나서야 멈췄다. 민들레 날개들이 쏟아져 나왔다. 돌멩이가 부화시킨 날개들이 오후 네 시의 고요를 넘어 멀리 성당을 향해 날아갔다. 아픈 발에 날개를 달아주고 싶었다. 속절없이 오후가 흘러가는 동안 서둘러 종소리를 타고 하늘로 스며드는 돌멩이, 그렇게 맨발로 저녁을 건너갔다.

　내가 아픈 만큼 돌멩이도 아팠을까

얼마나 많은 언덕을 넘어야 상처가 날개가 될까

휘어진 길 위에 물끄러미

미안한 마음 눕혀놓고

또 눕혀놓고

　　　　—「그렇게 맨발로 저녁을 건너갔다」 전문

시집의 첫 장이다. "아플 거라는 것을 알면서" 화자는 "돌멩이를 걷어찼다." 통증은 예견되었다. 화자는 알면서도 주저하지 않는다. 걷어찬 "돌멩이"가 닿은 곳은 모두 상처투성이다. "처박혀 가쁜 숨을" 쉬고, "비탈을" 구르고, "아픈 발"이 되어 이곳저곳 상흔을 남긴다. 부딪친 상처들, 뒹굴고 깎인 흔적들, 세상의 파고에 쓸린 얼룩이 오래도록 아프다는 사실을 알면서도 화자는 "맨발"의 시간을 온전히 건너간다. 이 완고한 경험주의자의 기질은 조영란 시집을 관통하는 일관된 방식이다. 누구나 고통과 상처를 외면하고자 한다. "아플 거라는 것을 알면서" "맨발"의 투지로 생의 저녁을 건너는 것은 쉽지 않은 선택이다. 그는 왜 이 고단한 '맨발의 길'을 고집할까? 숨을 곳도 피할 곳도 없는 "비탈"에 자신의 몸을 기꺼이 던질까? 간간이 그 이유와 단서를 목격할 수 있다.

중간을 고르는 것은 나의 오래된 습관이었다. 누구보다 앞서지도 뒤서지도 않는 지점, 모나지 않게 사는 것이

미덕이고 삶의 유연성이며 품격이라 믿었다.

(중략)

　나는 기억한다, 스멀스멀 기어 올라오던 미지근한 저
혐의의 냄새를. 그때 링거 바늘이 꽂혀 있던 팔뚝에서 피
의 역류(逆流)가 시작되었다.

—「나를 아끼는 가장 현명한 자세」 부분

　"나"는 "앞서지도 뒤서지도 않는 지점"에서 늘 "모나지 않
게 사는 것"과 "중간을 고르는 것"이 "미덕이고 삶의 유연성
이며 품격"이라 여기며 살았다. 그것은 "나의 오래된 습관"처
럼 내성이 된 삶의 모토(motto)로 작용했다. "모나지 않게 살
아야 한다―"라는 "엄마의 가르침에 늘 순종적"이었던 "나"는
"나를 착하다고 여기던 사람들 때문에" "기지개를 켤 수 없
었"고 "켜서도 안"(「모서리가 두고 간 또 다른 모서리일 뿐」) 된
다고 믿었다. 나는 "엄마"에 의해, "습관"에 의해, '관성'에 의
해 "모서리"를 둥글게 만들며 세상의 관점과 타자의 시선이
만들어놓은 인습과 관습에 순응했다.

　둥글어진다는 것은 결국 개성이 마모되는 과정이다. 전형
화(典型化)된 인간으로 만들어지는 것이다. 하지만 "나"는 병
상에서 "스멀스멀 기어 올라오던 미지근한 저 혐의의 냄새
를" 확인하는 순간 자신 안에 억류된 "피의 역류(逆流)"를 확

인한다. 관습과 타성에 갇힌 자신을 벗어나야 한다는 깨달음
이다. 이 운명적 스침은 지금껏 자신을 길들인 순종과 결별
하게 한다. 자신 안에 내재된 "피"의 에너지는 감출 수도 둥글
어질 수도 없는 온전한 '나'의 발견이자 확인이다. 때문에 "나
를 아끼는 가장 현명한 자세"라는 제목은 반어이자 역설이다.

　조영란은 "내 속에 깊이 감춰져 있던 날카로운 칼날"(「모서
리가 두고 간 또 다른 모서리일 뿐,」)을 마주한다. 이 칼날은 자
신을 지키고 세상과 싸울 검(劍)일 수도 있고, "뜨겁고 결연한
목청"으로 "펄럭이는 깃발"(「깃발」)일 수도 있고, "잊힌 혁명
을 불러오"는 "방아쇠"(「방아쇠수지중후군」)일 수도 있고, "아
무리 흔들어도 한 점 흐트러지지 않는" "사랑"(「벽지의 사랑
법」)일 수도 있다. 분명한 것은 찔리고 아파도 "더 깊고 짙은
쪽을 향해/목숨처럼 피어나는 격정"(「옷걸이」)을 멈추지 않으
려는 의지다.

　조영란의 시는 동적(動的) 세계를 지향한다. 그는 끊임없이
흔들리고, 펄럭이고, 날아가고, 타오른다. 저물면서 솟구치
고, 침묵에서 외치며, 점멸하며 피어난다. 고요와 정지를 생
성과 활력의 세계로 치환시키는 힘이 그의 시의 생명력이다.
이러한 인식과 태도는 "노을"을 바라보는 시각과 태도에서
여실히 드러난다.

불을 지핀 것은 나였다
시린 불 속에 뛰어들기 위해 오래도록 기다렸던 것
바람에 일렁이던 노을의 심장은
절망보다 뜨겁고 찬란했다
문을 열고 불의 길을 열어주고 싶었다
화르륵, 저녁 하늘에 꽃길을 내어주고 싶었다

(중략)

저 노을을 진다고 해야 할까
핀다고 해야 할까

—「저물지 않는 꽃」부분

시인이 직조한 풍경엔 노을이 있고 불이 있다. 저무는 것
이자 타오르는 것이다. 과거의 시제가 물린 현재이다. 조영
란 시집에서 주목할 점은 시적 순간을 전취(戰取)할 때 누적
된 시간의 질감을 문장의 안과 밖에 녹여내고 결합하는 방식
이다. 오랜 시간을 붙든 어부의 낚시질처럼 시인은 시적 순
간에 생의 궤적을 겹쳐놓는다.

"불을 지핀 것은 나였다", "시린 불 속에 뛰어들기 위해 오
래도록 기다렸"다는 말처럼 불 속에 뛰어든 것은 자신이다.
"노을의 심장"으로 타오르기 위해, "절망보다 뜨겁고 찬란"하

기 위해, "불의 길"로 뛰어든 시인의 열정은 거침없다. 뜨겁고 찬란한 불의 열망은 "저녁 하늘에 꽃길"을 연다. 어느새 어둠의 하강의 이미지는 환한 꽃길로 타오르는 상승의 불길로 전환된다. 지는 것에서 피는 것을, 기우는 것에서 생성하는 역전의 상상력은 「그렇게 맨발로 저녁을 건너갔다」에서 보였던 "하늘로 스며드는 돌멩이"와 흡사한 상상력이다. 중력을 거스르는 비상의 상상은 조영란이 추구하는 가치이자 생을 추동시키는 역동성을 의미한다. 어둠에 침잠하지 않고 날아오르는 법, 무게에 눌리지 않고 솟구치는 것처럼 시인에게 노을은 '지는 것'보다는 '피는 것'에 가깝다. 끝과 죽음을 향하는 시간이 아니다. 새로운 생성의 시간이며 다른 차원으로 이양되는 또 다른 시작이다. 조영란은 "포기할 수 없는 생의 음파"로 "내가 건져 올리고 싶던 모든 것들"을 "비로소 차오르"게 하는 "生의 포만"(「고래의 귀환」)으로 가득한 세계를 꿈꾼다. 그의 시적 이상(理想)이 닿아 있는 세계이기도 하다.

오독의 반란

조영란에게 시 쓰기는 모험이자 반란이다. 이는 정답을 강요하는 세상을 향해 "틀려가며 답을 찾아가는 과정"이며 "가장 용기 있는 오류"로 "진실에 가까워"지고 "세상을 혼"들어(「정답의 가능성」) 꿈에 도달하는 방식이다. 시인은 "무수한 오답들"로 "풀리지 않을 것들만 골라 풀며 열심히 틀려갔고" 또한 "어떤 공식으로도 풀 수 없는 미래를 향해"(「시험지」) 기꺼이 자신을 던진다. 시인은 인생이란 정답을 위해 존재하는 것이 아니라 "하염없는 궤적을 남기며 속도를 견뎌야 하는 일"(「선풍기의 꿈」)임을 강조한다. 세계의 속도에 압살되지 않고 자신의 궤적을 남기며 도는 힘은 '나다움'의 본질이다. 조영란의 문장의 생기와 탄력은 세계와 나 사이의 이 팽팽한 속도와 긴장을 잃지 않기 때문이다.

〈추락의 위험이 있으니 조심하시오〉란 경고를

〈추락의 쾌감이 있으니 힘껏 올라가시오〉란 권유로

오독(誤讀)하고 싶을 때가 있다

—「사랑」전문

"위험"이 "쾌감"이 되고, "조심"이 '도전'이 되고 "경고"가 "권유"가 되는 "오독(誤讀)"의 세계는 얼마나 유쾌한가. 경계와 금지의 문구를 놀이와 가능의 세계로 뒤바꾸는 역전의 상상력을 시인은 "사랑"이라 명명한다. 사랑의 본질은 자기 안의 담장을 넘어 자신을 타자에게 온전히 던지는 행위가 아닌가. 오독의 반란이 역설적으로 진실에 가까워지는 사랑, 그것은 아찔하지만 또한 황홀하다.

　생은 모순으로 가득하다. "무언가를 잊기 위해 꽃을 피우고" "잠기지 않기 위해 눈을 뜨고" "젖지 않기 위해 서둘러지"는(「저문다는 것」) 아이러니가 반복된다. 청춘의 과오는 아름답지만 쓰디쓰고, 사랑의 헌신은 절망의 끝에서 희망을 선사한다. "고단한 슬픔을 꿰매는 통증의 시간"은 "불온했던 내 지난날의 뼈와 살을" "꿰매기 위해서 찔러야 하는 모순"(「바늘에게」)의 통증을 안긴다. 시간의 고통이 만들어낸 모순의 풍경이 세상살이임을 시인은 아프게 응시한다. 모순의 통각으로 그려낸 세계는 아프지만 아름답다. 그곳엔 인간의 숨결과 온기가 서려 있기 때문이다.

　　　손을 탄다는 건
　　　지폐와 지폐 사이에 꽃이 핀다는 것
　　　빈틈없는 사람과 사람 사이에서
　　　숨결을 나눈다는 것

　　　온몸 구겨지며 살아가는 일과
　　　온 마음으로 사랑하는 일이 다르지 않음을

　　　지폐는 피 맛을 보며 낡아가고
　　　피 맛을 아는 돈은 함부로 배신하지 않는다

지폐는 지폐를 베지 않는다

　　　　　　　　　　　—「지폐의 감정」부분

　사물에 감정이 있을 리 없다. 사물에 몸과 마음이 닿을 때
그것은 온기를 지닌다. "손을 탄다는 건" "꽃이 핀다는 것"이
다. "사람과 사람 사이에서" "숨결을" 나눌 때 "지폐"는 "꽃"이
된다. '돈'이 '꽃'이 되는 세계는 얼마나 아름다운가. 누군가
의 "피"와 '살'이 되고, "마음"과 "사랑"이 되어 서로가 서로를
"함부로 배신하지 않는" 세계는 어쩌면 현실의 유토피아다.
사물이 온전히 사물의 본성을 잃지 않는 것은 그것이 목적이
아니라 철저히 도구일 때 가능하다. "지폐는 지폐를 베지 않
는다"는 말은 바꾸어 말하면 돈 때문에 배신과 고통으로 서
로에게 상처를 주는 세상에 대한 반성이다. 이는 물질에 휘
둘리지 않고 온전히 사람을 위해 "온 마음으로 사랑하는" 시
인이 꿈꾸는 현실을 반영한다.

　우리의 삶에서 소중한 것은 무엇일까? 놓치지 말아야 할 것
은 어떤 것일까? 지켜야 할 가치와 목적은 무엇일까? 조영란
은 이러한 질문들을 자신에게 던진다. 나는 왜 시를 쓰는가?
나의 시는 무엇을 열망하는가? 자신의 언어가 지향하는 세계
의 끝은 어디인가? 시를 향한 그의 질문은 삶을 향한 존재의
질문이기도 하다. 세상살이에 휘둘릴 때, 출몰하는 욕망이 존
재를 압도할 때 그는 자연을 찾는다. 내면의 소요를 다스리

고, 스스로의 중심을 회복하는 방법을 자연은 가르쳐준다.

아직 더 소진할 게 남았다는 듯
산막 아궁이에 고이는 저녁 어스름이 붉다
내가 나를 버리고 온 것처럼
미혹과 유혹 사이 홀로 두고 온 마음이
가만히 내게 묻는다

너는 누구?

깊고 푸른 그리움 속으로
연기는 흘러가고
하염없는 자작나무들 틈에 끼어 너무 오래 서 있었을까
젖은 뒤꿈치를 물며
시린 물소리가 내게 묻는다

여긴 어디?
너는 누구?

—「가만히 내게 묻는다」 부분

소란을 벗고 찾아온 "산막", 세속의 "미혹과 유혹"을 "두고"
화자는 자연과 마주한다. 자연은 묻는다. "너는 누구?"이며

"여긴 어디?"인가라고. "나"는 대답하지 않는다. 자연의 물음은 계속되고 "산막 아래 마을"은 어두워간다. 밤이 짙어질수록 자연의 물음은 깊어지고 성찰의 시간도 깊어진다. 세상을 향한 집착이 "소진"되지 않는 "저녁 어스름"처럼 그를 붙든 욕망의 편린들을 뒤로하고 시인은 "깊고 푸른 그리움"으로 뒤척이던 번민의 날들을 반성한다. "시린 물소리"는 "젖은 뒤꿈치를 물며" 꾸짖는다. "여긴 어디?/너는 누구?"냐고. 자연은 인간의 내면을 들여다보는 거울이다. 나는 누구인가? 어떻게 살아야 하는가? 무엇을 위한 삶이어야 하는가? 자연의 물음은 경건하다. "가만히 내게 묻는" 성찰의 시간은 그를 세속에 매몰되지 않는 법을 깨우치게 한다.

> 죽은 잉어를 품은 연못은 투명한 무덤 같다
>
> 갈대가 서둘러 썩은 몸을 수습하고
> 벚나무는 꽃잎을 떨궈 수의를 해 입힌다
> 물결을 뒤집어쓴 잉어의 비늘은
> 좀처럼 젖지 않는다
>
> 죽은 잉어의 몸에 들어앉은 연못
> 지금은 슬픔을 양생(養生) 중이니 아무나 들어오지 마시오

고요히 차오르는 슬픔의 무늬가

물 밖

내 머릿속을 물들인다

얼마나 살을 발라야 다시 떠오를 수 있나

있는 힘껏 가라앉아

고통의 밑바닥에 몸을 맡기는 잉어

경외(敬畏)란 그런 것이다,

마지막 남은 살점까지 다 털어주고

홀로 입관(入棺)하는 것

그리하여 홀로 깊어지는 것

잉어의 시간은 지금부터다

―「잉어의 시간」 전문

　잉어의 죽음은 거룩하다. 자신의 모든 것을 온전히 자연에게 헌납한다. "고통의 밑바닥"을 두려워하지 않는 죽음, "마지막 남은 살점까지 다 털어주"는 자기 헌신이야말로 진정한 승화이다. 잉어의 죽음은 하나의 종교다. "홀로 입관(入棺)하"고 "홀로 깊어지는" 죽음을 시인은 목도한다. 그것은 숭고

한 시간이며 "경외(敬畏)"의 차원이다. 조영란은 물질이 영혼이 되는 "잉어의 시간은 지금부터다"라고 말한다. 죽음으로 다시 시작하는 시간, 욕망과 고통의 시간을 벗고 부활의 시간을 사는 존재, 그것은 생과 사의 고통에 시달리지 않는 경지를 의미한다. 자연은 스스로 갇히지 않는다. "바람이 적막을 낳으면, 적막이 풀씨를 낳으면, 풀씨가 연민을 낳으면, 연민이 미소를 낳으면, 미소가 눈물을 낳으면, 눈물이 새를 낳으면, 새가 노래를 낳으면, 노래가 미혹을 낳으면, 미혹이 만월을 낳으면, 만월이 창문을 낳으면,"(「거품 속으로」)이라는 구절처럼 존재는 새로운 존재를 이끌고, 새로운 존재는 새로운 차원으로 나아가고, 새로운 차원은 다른 이상과 꿈으로 바뀌고, 대지의 꿈은 하늘의 꿈이 되는 이 무수한 순환과 회귀가 자연의 이치이다. 그러한 자연의 순리와 이치를 닮는 것이 조영란이 지향하는 "맨발"의 길이다. 몸이 꽃이 되고, 꽃이 날개가 되고, 날개가 빛이 되는 승화의 세계는 아름답지만 험난하다.

푸른 비밀의 문장

자연은 멀고 세속은 가깝다. 욕망은 몸에 있고 이상은 추상으로 떠돈다. "한때의 격정들은 뜨거웠지만 감상"이 되고 "미움도 환희도 관념에 불과"(「구체적인, 너무나 구체적인」)하다.

추상과 관념, 숭고와 헌신이 삶에서 구현되는 것은 어렵다. 우리는 몸 밖을 벗어날 수 없다. 마음에 갇혀 세속에 부딪치지 않을 수 없다. 조영란에게 자연은 존재의 버성김으로부터 벗어나 종교가 되는 시간이다. 자신의 모든 것을 내어주는 순수하고 정직한 "잉어의 시간"은 소란과 격정에서 물러나는 법을 가르치는 현장이다.

살아가는 일이란 고통과 시련의 연속이다. 시인은 상처받지 않기 위해 둥글어지려 하지 않는다. 모서리의 날카로움으로 낡은 습성과 편견과 싸운다. "무성한 소문들"이 출몰하는 "떠들썩한 불안"을 두려워하지 않고, "솟구치고 떨어지던 시간 속에서" "끝내 닿을 수 없는 수평선을 향해 흘러가"고자 한다. "구름"에 몸을 맡기고 "한 뼘 물결에도 온몸 출렁이며/종일 파랑을 타고"(「파랑주의보」) 노는 세계, 쓸리고 아프고 떠밀리는 세상의 파도에 자신을 한껏 던진다.

시인의 맨발이 더 아프기를 바란다. 그래서 상처가 꽃이 되고 날개가 되기를 바란다. "오래된 먼지"를 털고 "깊이 닫아두었던" "푸른 비밀"의 "문장"(「그날 방바닥에 떨어진 먼지 한 움큼이 내겐 가장 진실했다」)이 세상에서 눈부시게 빛나길 바란다.

이 도서의 국립중앙도서관 출판시도서목록(CIP)은 서지정보유통지원시스템 홈페이지 (http://seoji.nl.go.kr)와 국가자료공동목록시스템(http://www.nl.go.kr/kolisnet)에서 이용하실 수 있습니다.(CIP제어번호: CIP2018028899)

시인동네 시인선 097

나를 아끼는 가장 현명한 자세

ⓒ 조영란

초판 1쇄 인쇄 2018년 9월 10일

초판 1쇄 발행 2018년 9월 17일

지은이 조영란

펴낸이 고영

책임편집 서윤후

디자인 헤이존

펴낸곳 문학의전당

출판등록 제2017-000002호

주소 서울시 마포구 마포대로 11길 91, 3층

전화 02-852-1977 팩스 02-852-1978

전자우편 sbpoem@naver.com

ISBN 979-11-5896-386-6 03810

*이 시집은 강원도, 강원문화재단 후원으로 제작되었습니다.